Date Due

To the Reader . . .

The books in this series include Hispanics from the United States, Spain, and Latin America, as well as from other countries. Just as your parents and teachers play an important role in your life today, the people in these books have been important in shaping the world in which you live today. Many of these Hispanics lived long ago and far away. They discovered new lands, built settlements, fought for freedom, made laws, wrote books, and produced great works of art. All of these contributions were a part of the development of the United States and its rich and varied cultural heritage.

These Hispanics had one thing in common. They had goals, and they did whatever was necessary to achieve those goals, often against great odds. What we see in these people are dedicated, energetic men and women who had the ability to change the world to make it a better place. They can be your role models. Enjoy these books and learn from their examples.

Frank de Varona
General Consulting Editor

General Consulting Editor
Frank de Varona
Associate Superintendent
Bureau of Education
Dade County, Florida, Public Schools

Consultant and Translator
Gloria Contreras
Professor of Education
College of Education
University of North Texas

Library of Congress number: 88-38955

Library of Congress Cataloging in Publication Data

Chrisman, Abbott
     Hernando de Soto / Abbott Chrisman.
     —(Raintree Hispanic stories)
     English and Spanish.
     Summary: A biography of the Spanish explorer who led the first European expedition to reach the Mississippi River, explored in what is now Florida, and took part in the Spanish conquest of the Inca Empire.
     1. Soto, Hernando de, ca. 1500–1542—Juvenile literature. 2. Explorers—America—Biography—Juvenile literature. 3. Explorers—Spain—Biography—Juvenile literature. 4. America—Discovery and exploration—Spanish—Juvenile literature. [1. De Soto, Hernando, ca. 1500–1542. 2. Explorers. 3. Spanish language materials—Bilingual.] I. Chrisman, Abbott. II. Title. III. Series: Raintree Hispanic stories.
E125.S7T46 1988 970.1′6′0924—dc19 [B] [92]   88-38955

ISBN 0-8172-2903-5 hardcover library binding

ISBN 0-8114-6753-8 softcover binding

          6 7 8 9 0   97 96 95 94

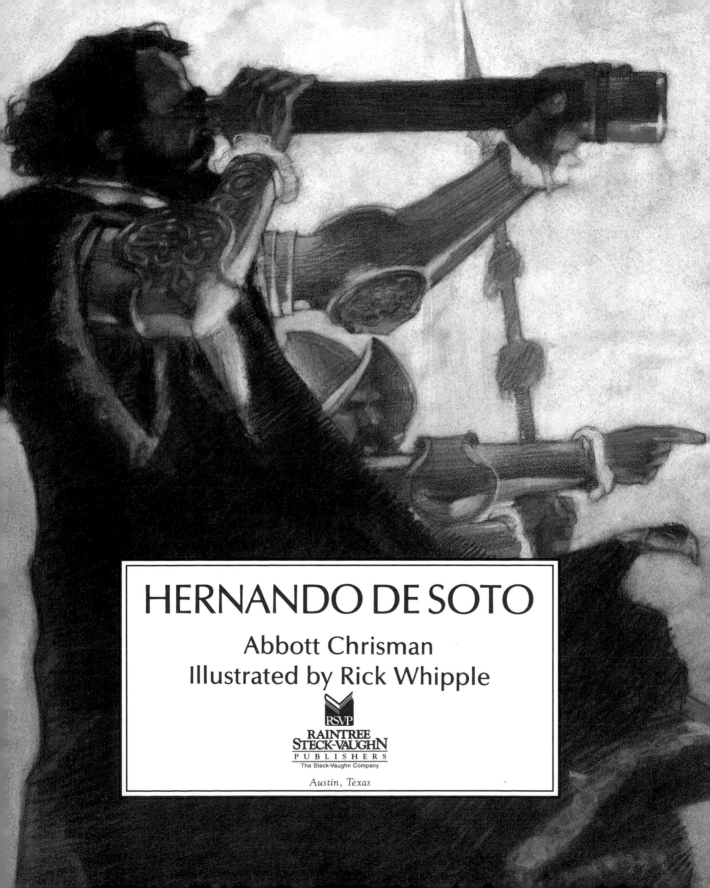

HERNANDO DE SOTO

Abbott Chrisman
Illustrated by Rick Whipple

RSVP
RAINTREE
STECK-VAUGHN
P U B L I S H E R S
The Steck-Vaughn Company

Austin, Texas

Hernando de Soto was born in about 1500 in Jerez de los Caballeros, an ordinary town in the dry mountains of southwestern Spain. Since the family's land and money would go to his older brother, Hernando was expected to make his own living.

Hernando's mother hoped he would become a lawyer or a priest, but young Hernando liked horses more than studying. He knew that many men had earned glory and wealth fighting the Muslims in the Crusades. Also, he had heard tales of fantastic riches in the recently discovered New World—the Americas.

Hernando was a strong boy. He rode horses, played sports, and read adventure stories. He believed in chivalry—the idea that a good, noble soldier could fight God's battles on earth. He wanted to become a knight.

Hernando de Soto nació alrededor de 1500 en Jerez de los Caballeros, un pueblo sencillo situado en las montañas áridas en el sudoeste de España. Como las tierras y el dinero de la familia serían heredadas por su hermano mayor, Hernando tenía que ganarse la vida.

La madre de Hernando quería que llegara a ser abogado o sacerdote, pero al joven Hernando le gustaban más los caballos que el estudio. Sabía que muchos hombres habían logrado gloria y riquezas en las Cruzadas contra los moros. También, había escuchado cuentos de las fabulosas riquezas recién descubiertas en el Nuevo Mundo —las Américas.

Hernando era un muchacho fuerte. Montaba a caballo, participaba en deportes y leía relatos de aventuras. Él creía en la caballerosidad —la idea que un soldado noble podía combatir las batallas de Dios aquí en la tierra. Él quería ser caballero.

5

When Hernando was fourteen, his father sent him to Don Pedro Arias de Ávila, who was called Pedrarias. He was leaving Spain to become governor of what is now Colombia, Panama, and Costa Rica. Pedrarias took the boy with him as one of his pages. Being a page was the first step in becoming a knight.

The ships set sail. It took about fifty days to cross the Atlantic Ocean. De Soto was on the same ship as Pedrarias, along with all the most important people. He learned to stay quiet and listen.

Cuando Hernando tenía catorce años, su padre lo mandó con don Pedro Arias de Ávila, apodado Pedrarias, el cual se marchaba de España para ser gobernador de lo que hoy día es Colombia, Panamá y Costa Rica. Pedrarias se llevó al muchacho como uno de sus escuderos. Antes de llegar a ser caballero tenía que ser escudero.

Zarparon. Les tomó más o menos cincuenta días cruzar el Océano Atlántico. De Soto iba en el mismo buque que Pedrarias, así como otras personas importantes. Aprendió a permanecer callado y a escuchar.

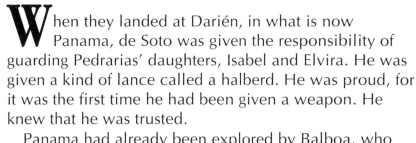

When they landed at Darién, in what is now Panama, de Soto was given the responsibility of guarding Pedrarias' daughters, Isabel and Elvira. He was given a kind of lance called a halberd. He was proud, for it was the first time he had been given a weapon. He knew that he was trusted.

Panama had already been explored by Balboa, who was the first European to see the Pacific Ocean. Balboa had followed the king's command to respect the Indians who lived there, offering peace and cooperation. Unfortunately, most of the Spaniards, including Pedrarias, were interested only in finding gold and jewels and did not care about the Native Americans.

Al desembarcar en Darién, lo que hoy es Panamá, le correspondió a de Soto proteger a las dos hijas de Pedrarias, Isabel y Elvira. Se le otorgó una especie de lanza llamada alabarda. Estaba orgulloso porque era la primera vez que recibía un arma. Sabía que habían confiado en él.

Balboa ya había explorado Panamá, siendo el primer europeo que vio el Océano Pacífico. Balboa había obedecido las órdenes del rey de respetar a los indígenas que vivían allí, ofreciéndoles paz y cooperación. Desafortunadamente, a la mayoría de los españoles, incluyendo a Pedrarias, solamente les interesaban el oro y las joyas y no les preocupaba la gente indígena.

Balboa knew de Soto's family. He liked the young
man and gave him fencing lessons every morning.
De Soto became a skilled soldier.

De Soto was sent on his first expedition into Indian
territory. The leader of the expedition, who worked for
Pedrarias, went to the friendly villages that Balboa had
discovered. He captured the chiefs and demanded
gold, silver, and jewels. The Indians tried to fight
back but could not win against the guns and horses
of the Spanish.

De Soto thought this tactic was wrong, but he felt that
he could do nothing. He had to obey Pedrarias. He
fought so bravely that he was made a captain and was
given a horse of his own. At the age of seventeen he
was already a knight.

Balboa conocía a la familia de Soto. Le agradaba el joven y le daba clases de esgrima todas las mañanas. De Soto aprendió a ser un buen soldado.

En su primera expedición de Soto fue enviado a territorio indígena. El jefe de la expedición, quien representaba a Pedrarias, fue a las poblaciones amistosas que Balboa había descubierto. Capturó a los jefes y les exigió oro, plata y joyas. Los indios intentaron defenderse, pero no pudieron triunfar contra las armas y los caballos de los españoles.

A de Soto le parecía injusta esta táctica, pero se sentía incapaz de impedirlo. Tenía que obedecer a Pedrarias. Peleaba tan valientemente que lo hicieron capitán y le dieron su propio caballo. A los diecisiete años ya era caballero.

Pedrarias was afraid of Balboa. If Balboa told the king how Pedrarias treated the Indians, Pedrarias would lose his job and his gold. Pedrarias sent Balboa out to do impossible jobs and then punished him for not doing them. Finally, in 1519, Pedrarias had Balboa beheaded.

De Soto was angry at Balboa's death, but as a knight, he had to be loyal to his leader. He also had a secret. He was in love with Pedrarias' daughter Isabel. To win her, he needed to prove his loyalty to Pedrarias and to become rich and famous.

Pedrarias le tenía miedo a Balboa. Si Balboa le hubiera dicho al rey cómo Pedrarias trataba a los indios, éste perdería su posición y su oro. Pedrarias mandaba a Balboa a cumplir trabajos imposibles de realizar y luego lo castigaba si no los terminaba. Por fin, en 1519, Pedrarias mandó a decapitar a Balboa.

De Soto estaba disgustado con la muerte de Balboa, pero como caballero tenía que ser fiel a su líder. También tenía un secreto. Estaba enamorado de Isabel, la hija de Pedrarias. Para ganarla, tenía que probar su lealtad a Pedrarias y hacerse rico y famoso.

Pedrarias' wife saw the couple's love and kept their secret. However, she felt that they were too young to marry, so she took Isabel back to Spain.

Meanwhile, de Soto was sent on many expeditions. He fought hard and saved all his money. Once he was sent to Nicaragua, which was north of Pedrarias' territory and south of Mexico, which was controlled by Cortés. Cortés had just discovered and conquered the rich Aztec civilization. Pedrarias hoped this new territory was rich, too. He wanted de Soto to get there before Cortés could.

Cortés' men attacked de Soto's camp at night, and de Soto was forced to fight his own countrymen. He led the charge and defeated the attackers. They shouted, "Peace, peace, in the name of the king!" De Soto believed in their desire for peace and decided not to find and capture them.

La esposa de Pedrarias vio que la pareja estaba enamorada pero se guardó el secreto. Creía que eran muy jóvenes para casarse y se llevó a Isabel a España.

Durante este tiempo de Soto fue enviado a muchas expediciones. Combatía enérgicamente y ahorraba todo su dinero. Una vez lo mandaron a Nicaragua que estaba al norte del territorio de Pedrarias y al sur de México, que estaba bajo el mando de Cortés. Cortés acababa de descubrir y conquistar a la rica civilización azteca. Pedrarias tenía esperanzas de que este nuevo territorio tuviera también riquezas. Él quería que de Soto llegara antes que Cortés.

Los hombres de Cortés atacaron el campamento de de Soto por la noche, y de Soto tuvo que combatir contra sus compatriotas. Dirigió el ataque y derrotó a los atacantes. Ellos gritaban, "¡Paz, paz, en el nombre del rey!" De Soto se fió en el deseo de paz y decidió no buscarlos y capturarlos.

15

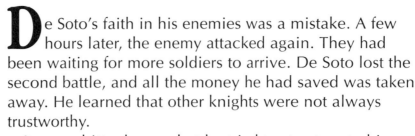

De Soto's faith in his enemies was a mistake. A few hours later, the enemy attacked again. They had been waiting for more soldiers to arrive. De Soto lost the second battle, and all the money he had saved was taken away. He learned that other knights were not always trustworthy.

It was a bitter lesson, but he tried to stay true to his beliefs by keeping away from the fights between the Spaniards. In 1531 Pedrarias died. De Soto, by now wealthy through mining gold, felt free to act as his own man.

La fe que de Soto les tuvo a sus enemigos fue un error. Unas cuantas horas después, los enemigos lo atacaron de nuevo. Ellos estaban esperando la llegada de más tropas. De Soto perdió esta segunda batalla y le quitaron todo el dinero que había ahorrado. Se dio cuenta de que no se podía confiar en todos los caballeros.

Ésta fue una amarga lección pero intentó permanecer fiel a sus creencias y evitaba la lucha entre los mismos españoles. En 1531 murió Pedrarias. De Soto, ya rico tras la explotación de minas de oro, se sintió libre para actuar a su gusto.

There were rumors of a fantastically wealthy kingdom in South America. The explorer Pizarro invited de Soto to help him conquer the Incas. The small expedition fought its way to the Pacific Ocean, built boats, and sailed to the coast of Peru. An ambassador dressed in gold invited them to meet the chief, Atahualpa.

They climbed the high Andes Mountains, where it was very cold. The Inca people had built wonderful roads and grew their crops in fields built like shelves on the slopes of the steep mountains. Gold was plentiful. The Spaniards were very impressed. The Inca people were impressed, too. They had never seen white men or horses.

Se rumoreaba de un reino fabulosamente rico en Sudamérica. El explorador Pizarro invitó a de Soto para que lo ayudara a conquistar a los incas. La pequeña expedición emprendió su camino al Océano Pacífico. Construyeron barcos y navegaron hacia la costa del Perú. Un embajador vestido de oro los invitó a conocer al jefe Atahualpa.

Ascendieron a las altas cordilleras de los Andes donde hacía mucho frío. Los incas habían construido unos caminos maravillosos y cultivaban en campos planos que tenían forma de terraza en las laderas de las montañas empinadas. Había mucho oro. Esto les causó una gran impresión a los españoles. Los incas también se habían impresionado. Nunca habían visto ni a hombres blancos ni caballos.

When the expedition met Atahualpa, de Soto made friends by showing him all the things a horse could do. The Incas did not trust the Spaniards. But they felt safe because there were only one hundred seventy Spaniards in the middle of a huge kingdom.

Then, in a surprise attack, Pizarro captured Atahualpa, who was seen as a god by his people. Pizarro promised to free him if a large room was filled with gold. The people had no choice—their god was in danger.

After the room was filled, Pizarro broke his promise and killed Atahualpa. De Soto was not able to stop him. He stayed with Pizarro for another year. Then, in 1536, he took his share of the gold and went back to Spain.

Cuando la expedición se encontró con Atahualpa, de Soto se ganó su amistad mostrándole lo que podía hacer un caballo. Los incas no se fiaban de los españoles. Pero se sentían seguros porque solamente había ciento setenta españoles dentro de su gran reino.

Entonces, en un ataque de sorpresa, Pizarro capturó a Atahualpa quien era considerado como un dios por su pueblo. Pizarro prometió soltarlo si le llenaban de oro una gran habitación. El pueblo no tuvo otra alternativa, su dios estaba en peligro.

Cuando el cuarto se llenó, Pizarro no cumplió su promesa y mató a Atahualpa. De Soto no pudo evitarlo y siguió con Pizarro sólo un año más. Entonces, en 1536, regresó a España con su parte correspondiente de oro.

Isabel had been waiting many years for Hernando, and they were married at last. He built a big house and they lived in grand style. Hernando and Isabel were very happy. They had everything they wanted. He was famous, and he was so rich that he loaned money to the king.

But the king asked de Soto to continue working for Spain. De Soto agreed because he had become restless for adventure again. He had never led his own expedition. He wanted to become a conquistador—a conqueror.

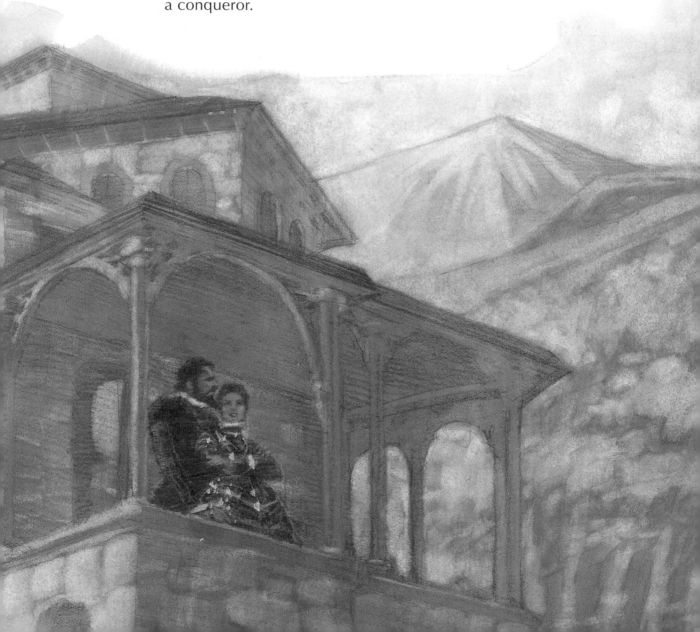

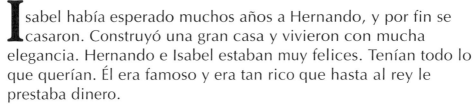

Isabel había esperado muchos años a Hernando, y por fin se casaron. Construyó una gran casa y vivieron con mucha elegancia. Hernando e Isabel estaban muy felices. Tenían todo lo que querían. Él era famoso y era tan rico que hasta al rey le prestaba dinero.

El rey le pidió a de Soto que siguiera trabajando para España. De Soto aceptó porque extrañaba las aventuras. Jamás había encabezado una expedición. Quería ser conquistador.

The king had already sent several expeditions to explore North America, but they had all failed. Many explorers never came back. Almost nothing was known of the land and people of North America.

The king helped de Soto organize a new expedition. Many men joined up, hoping to get rich. It took months to load their ten ships with food, medical supplies, weapons, armor, animals, blankets, clothing, and all the other things they would need.

In 1538, de Soto was ready to cross the Atlantic Ocean once again. Isabel went with him as far as Cuba. She was appointed governor of the island while she waited for her husband to return.

El rey ya había enviado varias expediciones a explorar Norteamérica, pero todas habían fracasado. Muchos exploradores nunca regresaron. No se sabía casi nada sobre las tierras y los habitantes de Norteamérica.

El rey ayudó a de Soto a organizar una nueva expedición. Muchos hombres se alistaron con el fin de hacerse ricos. Duró varios meses en cargar los diez barcos con los comestibles, medicamentos, armas, armaduras, animales, mantas, ropa y otras cosas que iban a necesitar.

En 1538, de Soto estaba listo para cruzar nuevamente el Océano Atlántico. Isabel lo acompañó hasta Cuba. Ella fue nombrada gobernadora de la isla mientras esperaba a que su esposo regresara.

De Soto landed in Florida in May of 1539. He brought 621 soldiers, 223 horses, a cannon, a pack of fierce dogs, and 13 pigs. By the end of the year there were 300 pigs, which were used for food.

The expedition started north. The thick forest and swampy land were hard to cross. The Timucuan Indians often attacked de Soto's men, but he wanted to make peace. Every captured Indian was sent back with gifts for his people.

One day de Soto's men found a survivor of an expedition that had failed. He had been living with the Indians for ten years. He joined the expedition as a translator.

De Soto's expedition stopped in what is now Tallahassee for the winter. They had found no rich kingdoms and no gold.

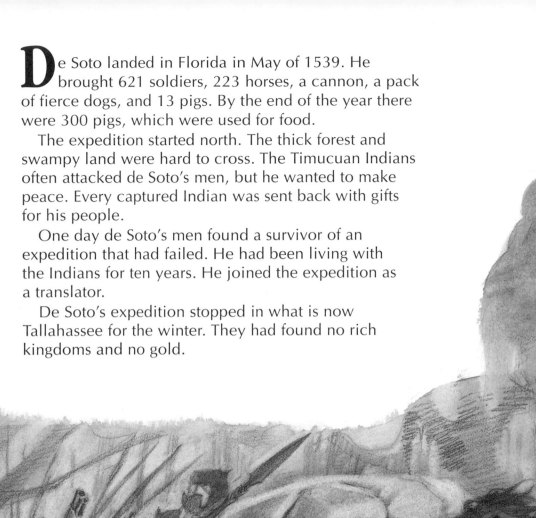

De Soto desembarcó en la Florida en mayo de 1539. Traía 621 soldados, 223 caballos, un cañón, perros bravos y 13 cerdos. Al cabo de un año había 300 cerdos que usaron como alimento.

La expedición salió hacia el norte. El bosque tan denso y tantos pantanos eran difíciles de cruzar. Los indios Timucuan de vez en cuando atacaban a los hombres de de Soto, pero él sólo quería la paz. A cada indio que tomaba preso lo dejaba ir con regalos para su gente.

Un día se encontraron con un sobreviviente de una de las expediciones que había fracasado. Él había vivido con los indios por diez años. Se incorporó a la expedición como intérprete.

La expedición de de Soto se detuvo durante el invierno en lo que hoy es Tallahassee. No encontraron ni oro ni reinos opulentos.

In 1540, de Soto went north through the lands of the Catawba and Creek Indians. He crossed the Savannah River into what is now South Carolina. A beautiful princess of the Powhatan tribe welcomed the expedition. She showed them piles of precious pearls. Some greedy soldiers wanted to take them all, but de Soto only took a few. He understood that the princess's friendship was worth more than the pearls.

The expedition headed west over the Blue Ridge Mountains. The Cherokee Indians were friendly and taught the Spaniards to grind corn and make tortillas. The soldiers sifted the flour through their chain mail armor.

Then de Soto went south along the Alabama River. The Choctaw Indians attacked, and many Spaniards were killed.

En 1540 de Soto siguió hacia el norte, pasando por las tierras de los indios Catawba y Creek. Cruzó el río Savannah y entró en lo que hoy día es Carolina del Sur. Una bella princesa de la tribu Powhatan le dio la bienvenida a la expedición. Ella les mostró montones de perlas preciosas. Algunos de los soldados codiciosos las querían todas, pero de Soto sólo se llevó unas cuantas. Sabía que la amistad de la princesa valía más que las perlas.

La expedición se encaminó al oeste sobre las Montañas Blue Ridge. Los indios Cherokee eran amistosos y les enseñaron a los españoles a moler maíz y a hacer tortillas. Los soldados usaban su armadura de cadeneta para cerner la harina.

Entonces de Soto salió hacia el sur a lo largo del río Alabama. Los indios Choctaw atacaron y mataron a muchos españoles.

Most of de Soto's men wanted to go home, but he still hoped to make a big discovery. He took them north and spent the winter on Chickasaw land.

In the spring, the expedition moved west. On May 8, 1541, de Soto found the Mississippi River. It was the biggest river anyone had ever seen. It was not treasure, but it was a highway to the interior of North America.

De Soto died of malaria in 1542. He was buried in the Mississippi River.

The men remaining in the expedition found their way back to Mexico. In Cuba, Isabel heard of her husband's death. She herself died a few days later.

Hernando de Soto saw more of the New World than any other explorer of his day. He achieved wealth and fame, but he was never greedy. He tried to serve his king while being fair to the Indians. Perhaps it was his chivalry—his idea of what was right—that kept him from succeeding as a conqueror.

La mayoría de los hombres de de Soto querían regresar a casa, pero él todavía esperaba hacer un gran descubrimiento. Los llevó hacia el norte y pasaron el invierno en el territorio de los Chickasaw.

En la primavera, la expedición se marchó hacia el oeste. El 8 de mayo de 1541, de Soto llegó al río Mississippi. Era el río más grande que nadie había visto. No era un tesoro, pero sí era una gran vía al interior de Norteamérica.

De Soto murió de malaria en 1542. Fue enterrado en el río Mississippi.

Los hombres que quedaban en la expedición regresaron a México. En Cuba, Isabel supo de la muerte de su marido y murió pocos días después.

Hernando de Soto vio más del Nuevo Mundo que cualquiera de los otros exploradores de su tiempo. Logró fama y fortuna, pero jamás fue avaro. Intentó servir a su rey, siendo justo con los indios. Probablemente era su caballerosidad —su idea de lo que era correcto— lo que le impidió tener éxito como conquistador.

31

GLOSSARY

armor   A protective covering, usually metal, used in combat.

chivalry   Customs of medieval knights, such as honesty, generosity, courtesy.

crusade   Military expeditions by Christians during the eleventh, twelfth, and thirteenth centuries to win the Holy Land from the Muslims.

expedition   A trip taken for some specific purpose.

fence   To participate in the art of attacking and defending with a thin sword.

page   A young person who is a personal servant of a knight and who is training to become a knight.

GLOSARIO

armadura   Conjunto de armas defensivas que protegían el cuerpo.

caballerosidad   Distinción, cortesía. Conducta digna, honrada. Tradiciones de los caballeros de la Edad Media.

cruzada   Expediciones militares para reconquistar la Tierra Santa. Expediciones contra los musulmanes durante los siglos once, doce y trece.

escudero   Paje que llevaba el escudo del caballero y que recibía instrucción en la caballerosidad.

esgrima   Arte de manejar la espada, el florete y otras armas blancas.

expedición   Viaje para cumplir una misión particular.